寺田本家
発酵カフェの

甘酒・塩麹・酒粕
ベストレシピ

寺田聡美

はじめに
寺田本家のこと

　自然酒蔵元「寺田本家」は、もともと近江（滋賀県）で創業しました。ここ、千葉県・神崎町に移ってきたのは延宝年間（1673～81年）。創業から、350年近く続いていることになります。

　現在、私たち「寺田本家」で造っているお酒はすべて自然酒。無農薬・無化学肥料米を使い、仕込み水は地元の神崎神社を水源とする清らかな地下水を使っています。何よりの特徴は、"蔵付き"の微生物の力を借りて発酵させていることでしょうか。"蔵付き"の微生物とは、遥か昔から酒蔵の中にすみ着いている菌のこと。酒造メーカーの中には、人工乳酸などを添加して短期間で発酵させる製法をとるところも多いのですが、「寺田本家」の酒造りは実にのんびりしていて、米と水と麹を合わせたものを蔵に置いて温度を心地よく調整してやりながら、ただただ、じっと待つのです。待っていると、酒蔵にすみ着いた菌の力で自然に発酵し、酒のもとの酒母ができます。それが、私たちの考える本当の自然酒、"てのひら造り"の酒の源です。

　こんな「寺田本家」ですから、今となっては廃れてしまった酒造りの風習もここでは現役で生きています。一般的な酒造りから自然酒に舵を切ったのは、私の父の代から。このときにできるだけ機械を使うのをやめようと、多くの工程を手作業に変えました。そこで復活したのが"酛摺り唄"。酒造りのはじまりである"酒母造り"のときに、蔵人たちが声を合わせて唄います。木桶の中の米と麹と水の様子を見ながら、「今日は3番まで唄おう」などと決めて、櫂棒で摺りおろしながら唄います。昔は時計などなかったでしょうから、この唄を唄うことで、作業の時間を計っていたのでしょうね。

　酒造りは、子育てに似ています。お米の生産者さんから蔵人まで、たくさんの人に手をかけられて、やさしい子守唄を聞いてかわいがられて育ったなら、素直でまっすぐな味になります。どれものびのびとした、個性的な子どもたち。いとおしみながら味わっていただければと思い、今年も酒を仕込みます。

発酵暮らし研究所と「カフェ うふふ」のこと

 蔵元の娘に生まれながら、私はまったくお酒が飲めません。「もったいない!」と言われることも多いのですが、その代わり、お酒造りの副産物である酒粕や、原料である米麹を使った発酵ごはんをたくさん食べていますから、お酒飲みと同じくらい、いえ、それ以上に"発酵"が暮らしの一部になっています。

「寺田本家」の敷地内に、「発酵暮らし研究所」と「カフェうふふ」をオープンしたのは、2017年の春。お酒を飲めない方々にも、「寺田本家」由来の発酵の力、発酵ごはんのおいしさを知っていただきたいとの思いからでした。研究所、なんてちょっと大仰な名前をつけてみたのは、食べることだけでなく、楽しく暮らすヒントをみんなで考えて、提案してみたかったのです。

小さなお子さんからおじいちゃん、おばあちゃんまで、みんながおいしく楽しめる料理を提供しています。

カフェのテーブルやトレーは仕込み桶のふたを再利用。奥には座敷もあり、お子さん連れの方もくつろいでいただけます。

　私にとって"発酵"は、おなかの中がわくわくして、なんだかじっとしていられなくて、自然に笑いだすようなイメージです。お酒がぷくぷく発酵する姿って、どこか「うふふ」と笑っている姿に似ている気がします。立ち止まることなく、いつも笑うようにすすみ続けている。発酵の力は、いつも前向きです。

「カフェうふふ」でお出しするのは、甘酒や塩麹や酒粕を使った、発酵の力いっぱいのメニュー。口にすればまず、おなかがぷくぷくと笑顔になります。体が軽やかになったなら、心もいつしかほがらかになるでしょう。食べることは、とても大切。けれど、それは手段に過ぎません。本当に求めているのは、発酵生活を続けること。おいしいと思うものをたくさん食べて、おなかの中をわくわくさせて、いつも笑顔でいることなのです。

- 鮭の西京焼き → p.76
- なめたけ → p.31
- べったら漬け風 → p.23
- 酒粕ごはん → p.73
- けんちん汁 → p.54

● 発酵の力で和のおいしさが引き立ちます

・酒粕バーニャカウダ →p.86
・トマトとバジルの
　マリネのブルスケッタ →p.66
・豆腐のカッテージチーズ →p.68

● おつまみの隠し味にもぴったり

・甘酒カレー →p.32
・なすのアチャール →p.69
・酒粕パコラ →p.88
・酒粕ラッシー →p.93

● 大人も子どもも楽しめる味

- バナナマフィン → p.44
- 酒粕ブラウニー → p.90
- マチェドニア → p.49

● おかずからスイーツまで、さまざまな料理に使えます

もくじ

2 はじめに

13 甘酒・塩麹・酒粕　上手な使い方

14 甘酒
体にいいこと・保存法・選び方

16 塩麹
体にいいこと・保存法・選び方

18 酒粕
体にいいこと・保存法・選び方

Part.1

甘酒レシピ 20

簡単使いに
21 なすといんげんの甘酒しょうゆ炒め
22 甘酒ケチャップ
22 甘酒ケチャップナポリタン
23 甘酒みそ焼きおむすび
23 べったら漬け風

定番和食に
24 野菜とお麩のすき焼き
26 いわしのしょうが煮
27 冷や汁
28 根菜の甘辛煮
30 青菜とにんじんのごま和え
31 なめたけ
31 のりの佃煮

洋・エスニックに
32 甘酒カレー
34 炊飯器で中華おこわ
35 甘酒トマトソースのピザトースト
36 チキンと野菜の甘酒バーベキュー
38 チャプチェ
39 キムチ
40 なすのバンバンジー風
41 甘酒チリソース
41 甘酒コチュジャン

絶品おやつ
42 甘酒チュロス
44 バナナマフィン
44 栗きんとん
45 甘酒と豆乳の杏仁豆腐
45 メロンスムージー

Part.2

塩麹レシピ 46

簡単使いに

47 塩麹のポトフ
48 塩麹ドレッシング
48 おからサラダ
49 塩麹のクイック漬けもの
49 マチェドニア

定番和食に

50 五目ちらし寿司
52 ぶりの塩麹焼き
53 エリンギのから揚げ
54 けんちん汁
56 厚揚げの塩麹南蛮漬け
57 小松菜の野沢菜漬け風
57 だし

洋・エスニックに

58 ミネストローネ
60 ワカモーレ
60 サルサメヒカーナ
62 マッシュルームとトマトのアヒージョ
64 ナムル
65 塩麹だれのチヂミ

絶品マリネ

66 トマトとバジルのマリネ
　 冷製パスタ／ブルスケッタ
68 白身魚と玉ねぎのマリネ
68 豆腐のカッテージチーズ
69 パプリカのマリネ
69 なすのアチャール

Part.3

酒粕レシピ 70

簡単使いに

71 おいもときのこの酒粕和え
72 酒粕クリームドレッシング
72 シーザー風サラダ
73 酒粕ごはん
73 酒粕麹甘酒

定番和食に

74 粕汁
76 鮭の西京焼き
77 さばのみそ煮

洋・エスニックに

78 酒粕ときのこのストロガノフ
80 酒粕マカロニグラタン
　 酒粕粉チーズ
82 マッシュポテト
83 豆醤スープ
84 酒粕とチキンのトマト煮
86 酒粕バーニャカウダ
88 酒粕パコラ

絶品おやつ

90 酒粕ブラウニー
92 酒粕とおからのグラノーラ
92 酒粕コンポート
93 酒粕クラッカー
93 酒粕ラッシー

94 甘酒の作り方
95 塩麹の作り方

本書のレシピは
砂糖・乳製品・卵
不使用です。

●レシピのお約束
・計量単位は1カップ＝200mℓ、大さじ1＝15mℓ、小さじ1＝5mℓです。
・食材を洗う、野菜の皮をむく、ヘタや種を取るなど、
　基本的な下ごしらえは作り方から省いています。適宜行ってください。
・オーブン、オーブントースターの焼き時間は目安です。
　機種によって違いがあるので、様子を見ながら加減してください。
・油はおもになたね油を使用していますが、ない場合はサラダ油や米油
　に替えてもOKです。

甘酒 塩麹 酒粕 上手な使い方

甘酒は砂糖代わりに、塩麹は塩代わりに、
酒粕は、うまみやコクを足すイメージで。
難しく考えなくても大丈夫！　どんな素材とも
ちゃんとなじむから、発酵ごはんに"失敗"はないのです。

1 常備しておく

甘酒と塩麹は、「ちょっと多いかな？」くらいの量で仕込むのがおすすめ。甘酒は冷凍保存しておくと、いつでも使えてとても便利。塩麹は少し長めに発酵させることでうまみも増し、いっそう深みのある味わいになります。その味わいの変化も楽しみのひとつです。市販のものを利用してもOK。

2 いつもの調味料の代わり

塩や砂糖のような、ダイレクトなしょっぱさ、甘さではなく、やさしい塩けと甘みで、料理を穏やかな味わいに仕上げます。なんだかひと味足りないときには、隠し味に酒粕をひとかけら加えるのもおすすめです。

3 毎日使う

健康のためには、一度にたくさん、ではなく、日々の暮らしに少しずつ、自然に無理なく取り入れたいものです。それには、毎日の料理の味つけに使うのがいちばんの近道！　1日スプーン1杯から、気軽に使いはじめましょう。

甘酒

ほんのり甘いけれど、砂糖は一切、使っていません。この自然な甘さは、米のでんぷんを、麹が糖化させることから生まれたもの。"酒"という名がついてはいますが、アルコール分はゼロ。だから、お酒に弱い人や、お子さんも安心して飲むことができます。ブドウ糖や必須アミノ酸、ビタミン類が豊富に含まれ、別名は「飲む点滴」。穏やかな甘さは料理にも使いやすいので、ドリンクとしてだけでなく、毎日の調味料として、気軽に取り入れたい発酵食品です。

甘酒ってこんなもの

作り方→p.94

体にいいこと

疲れたときには甘酒を1杯！栄養豊富な優等生

甘酒は、毎日でもとりたい栄養食品。脳のエネルギー源ともいわれるブドウ糖、筋肉のエネルギー代謝に必要だけれど、私たちの体の中では合成できず、食べ物から摂取するしかないイソロイシンなどをはじめとする必須アミノ酸、さらにビタミンB1・B2、葉酸などを豊富に含み、栄養的に文句なしの優等生です。

また、体内への吸収率も高く、「疲れたな」と思ったときに飲めば、疲労回復もスピーディー。さらにうれしいのが、健康面だけでなく、美容の面でも優れた効果を発揮すること。ビタミンB2は皮膚や粘膜を保護し、肌にうるおいを与えて活性化。コウジ酸は、メラニンの生成を抑える効果があるので、シミやくすみを防止してくれます。

もちろん、発酵食品なので、整腸作用はお墨つき。麹由来の食物繊維やオリゴ糖が腸内環境を自然に整えるので、便秘を解消し、体内にたまった有害物質をスムーズに排出。健康とお肌によい影響を与えます。

保存法

味わいをキープするなら、発酵を止めて

自家製甘酒を作るときは55〜60℃で発酵させて完成させます。おいしく保存するためには、酵素の働きを止め、ほかの菌が入ってこないようにすることが大切です。自家製甘酒で気をつけたいのはふたを開けっ放しにして空気に長く触れさせてしまうこと。そのまま保存すると、乳酸菌や酵母菌が働いて、酸っぱくなったり、お酒になってしまうことも。甘酒ができたら、ひと煮立ちさせて火を入れておくか、冷凍保存しましょう（栄養価は変わらないのでご安心を）。

選び方

自然な甘さの「麹甘酒」を

"甘酒"といっても、実は2種類あります。米麹で作る「麹甘酒」と酒粕で作る「酒粕甘酒」です。この本に登場する"甘酒"は、すべて麹甘酒を指しています。麹甘酒の魅力は発酵の力でお米から生まれる自然な甘さ。購入するときには原材料に砂糖などの入っていないものを選びましょう。また、麹の種類によっても味わいは異なります。白米麹の甘酒はしっかりと濃い甘みが、玄米麹は甘みは穏やかで複雑なうまみのある滋味深い味わいです。

塩麹

日本酒やみそ、しょうゆなど、日本人が古くから味わっている調味料類の多くは、麹の力を借りて造られています。塩麹は、この麹に塩と水を合わせて発酵させただけのシンプルな発酵調味料ですが、発酵過程では麹菌だけでなく、乳酸菌や酵母菌などたくさんの微生物が働いています。塩麹に使う米麹が分泌する酵素のアミラーゼはでんぷんをブドウ糖に変え、プロテアーゼはたんぱく質を分解してうまみのもととなるアミノ酸やペプチドを生成。この働きによって、塩麹にはうまみとコクが生まれるのです。

塩麹ってこんなもの

作り方→p.95

体にいいこと

発酵の力で、腸を活性化

　健康のためには、減塩も必要。ただ、塩けが少ないと味がぼんやりとして満足感を得られず、つい、多く食べてしまいがち……。そんなときにこそ、活用したいのが塩麹です。塩よりも少ない塩分量で、素材のおいしさをぐっと引き出してくれる塩麹を使うだけで、うまみが濃くなり、しっかり味わって食べられるので、適量でおなかも気持ちも満足します。

　また、調味料として"完成"したあとも、ゆるやかに熟成・発酵は続いている塩麹。少し多めに仕込んで、寝かせる時間を長めにとることで、しっかり発酵して、いっそうおいしくなります。

　さらに、発酵しているということは腸にもよい影響がいっぱい。腸が"第二の脳"ともいわれるのは、体にとって必要なもの、有害なものを腸自体が判断する免疫機能を持っているから。この腸の働きを活発化することは、免疫力をアップし、健康な体をつくり、維持する大切な条件となっているのです。

保存法

涼しい時期は室温、暑い時期は冷蔵庫へ

　常温で発酵させる塩麹は、ぷくぷくとした発酵が落ち着いたあとも、ゆっくり発酵はすすみます。時をかけて熟成することで、塩けはまろやかに、味わいも深くなります。ただ、暑い時季は発酵がすすみすぎたり、雑菌が入って腐敗する可能性もあるので、完成したら冷蔵庫に入れたほうが安心。塩麹の表面に白いふわふわしたものが現れることがありますが、これは"産膜酵母"と呼ばれる無害な菌。見つけたら混ぜてしまうか、気になるときは取り除いて。

選び方

市販品なら、原材料が塩と米麹だけのものを

　最近では、塩麹を手作りする人も多くなり、スーパーでも米麹を見かけることが多くなりました。米麹の状態は2種類、生麹と乾燥麹があります。発酵の力は生のほうが少し強いようですが、でき上がりの味や栄養価には差はほとんどありません。塩は天日塩など精製されていないものを使いましょう。また、市販されているものの中には、酒精などを添加しているものもありますが、できるだけ原材料がシンプルなものを選んでください。

酒粕

米、米麹、水から生まれる酒は、最初にもととなる酒母(しゅぼ)を造ります。力強い酵母を育てた酒母から"もろみ"を仕込み、冬の間ゆっくり時間をかけて酒を醸します。でき上がったもろみを搾ると"酒"と"酒粕"になります。酒の副産物で、微生物たちの生み出してくれる有用な成分がいっぱい詰まった酒粕は料理に使うとうまみやコクをプラスでき、食べ応えのある味わいになります。酒粕には約8%のアルコールが含まれるので、アルコールに弱い方やお子さんには、充分火を入れてアルコール分を飛ばすと、おいしく楽しめます。

酒粕ってこんなもの

写真は板粕。一般的な酒粕の形状です。本書のレシピはすべて板粕を常温でやわらかくしてから使っています。

体にいいこと

腸にも肩こりにも美肌にも!

　古くは「骨の酒」とも呼ばれていた酒粕。本来の主役である酒よりも、その栄養価が高いことは意外に知られていないようです。

　含まれる栄養素は、たんぱく質やミネラル、ビタミンB群、アミノ酸、食物繊維など。さらに、悪玉コレステロールの値を下げる、レジスタントプロテインも豊富に含まれています。がんや糖尿病、骨粗しょう症、動脈硬化などにも効果が期待されているので、おいしさだけでなく、健康面からも積極的に口にしたいもの。血管拡張効果のあるアデノシンも含まれているので、肩こりや頭痛、冷え性などの症状を緩和します。

　さらに、美肌にも効果大。豊富に含まれるビタミンB群が肌の新陳代謝を高め、ターンオーバーを促進。また、α-EGという成分が肌細胞のコラーゲン生成を促すことも研究でわかりました。もちろん、原料に麹を使っているので、整腸作用も抜群。オリゴ糖が善玉菌の増殖を促し、腸内環境を整えてくれます。

保存法

冷蔵保存でも熟成はすすみます

　アルコール分を含むので、冷蔵保存すれば長くおいしく楽しめます。時間とともに熟成がすすみ、風味は変化していくので、熟成具合に合わせて用途を変えて楽しむのがコツ。たとえば酒粕甘酒を作るなら、フレッシュな粕がおいしいので、鮮度を保てる冷凍保存がおすすめです。ある程度熟成したものは、粕汁や漬け床に。保存中に白い粉のようなものが出ることがありますが、チロシンというアミノ酸の一種なので、安心してどうぞ。

選び方

おいしいお酒の酒粕なら間違いなし!

　自然の発酵で造られておいしいのは、純米酒の酒粕。まずは、酒粕のもととなった酒の原材料をチェック。原材料表に"醸造用アルコール"と書かれていないものを選びます。さらに、精米歩合60〜90%程度で、生酛造り、または山廃造りと書かれているものだとなおおいしい。吟醸酒なら、その酒粕もフルーティーな味と香り、自然酒なら、素朴で力強い風味と、酒によって酒粕もいろいろ。好みのものをあれこれ試してみてください。

Part.1

甘酒レシピ

砂糖やみりんの代わりに甘酒を。
これだけで、気軽に発酵ごはんが楽しめます。
甘さだけでなく、うまみもプラスできるのがいいところ！

簡単使いに

甘酒自体がしっかり発酵しているから、少し加えただけで、シンプル料理が驚くほど滋味深く。甘いだけで終わらない、うまみがたまらないのです。

甘酒

「なすといんげんの甘酒しょうゆ炒め」

おいしさの秘密は、まろやかさを醸し出す、甘酒とみそ。発酵ずくめの炒めものです。

○材料（2人分）

- なす……3本（250g）
- さやいんげん……8本
- にんにくの薄切り……1片分
- ごま油……大さじ2
- 塩……小さじ1/6

A
- 2倍濃縮甘酒……大さじ2
- しょうゆ……大さじ1
- みそ……大さじ1/2

○作り方

1.
なすは1cm厚さ程度の斜め切り、さやいんげんは2～3cm長さの斜め切りにする。

2.
合わせ調味料にすることで、具材にムラなくからみます

Aを混ぜ合わせる。

3.
フライパンにごま油とにんにくを入れ、中火にかける。

4.
香りが立ってきたら、なすを加え、炒める。

5.
なすに油が回ったらいんげんを加える。

6.
全体に油が回ったら塩をふり、さらに炒め合わせ、しっかり火を通す。

7.
合わせ調味料は焦げやすいのでさっとからめる程度に

2を回しかけ、炒め合わせる。

できあがり！

甘酒ケチャップ

甘酒さえあれば、実は簡単な自家製ケチャップ。砂糖を一切使わない、ヘルシーな調味料です。

○材料（作りやすい分量）
2倍濃縮甘酒……130g
トマトピューレ……150g
玉ねぎ……大1/4個(50g)
塩……小さじ1と1/4
こしょう……小さじ1/4
酢……大さじ2

○作り方
1 甘酒と玉ねぎをフードプロセッサーにかけ、ペースト状にする。
2 鍋に移し、トマトピューレを加え、弱火にかける。とろみがついてきたら、塩、こしょうを加えて混ぜ、酢を加えて、ひと煮立ちさせる。
＊粗熱が取れたら、消毒した保存ビンに入れて冷蔵庫へ。
冷蔵で1週間保存可。

甘酒ケチャップナポリタン

トマトのうまみたっぷりの甘酒ケチャップを使えば、懐かしメニューも、さらりと軽い、新たな味わい。

○材料（2人分）
ピーマン……2個
玉ねぎ……大1/4個(50g)
スパゲティ……160g
なたね油……大さじ2
甘酒ケチャップ（上記参照）
　……大さじ4
塩……小さじ1/4
黒こしょう……適量

○作り方
1 ピーマンは細切り、玉ねぎは薄切りにする。スパゲティはゆでる。
2 フライパンに油を熱し、中火で1の野菜をさっと炒めて塩をふる。
3 ゆで上がったスパゲティと甘酒ケチャップを加え、炒め合わせる。器に盛り、黒こしょうをふる。

甘酒みそ焼きおむすび

みそと甘酒は好相性。
焼いて香ばしさをプラス。
ごまの香りがアクセントに。

○材料(3個分)
おむすび……3個

A
- 2倍濃縮甘酒、みそ
　……各大さじ1
- 白すりごま……小さじ1

○作り方
1　Aを混ぜ合わせておむすびに塗る。
2　オーブントースターや魚焼きグリルで香ばしく焼く。

べったら漬け風

甘酒で作るべったら漬けは、
本家より軽やかな味わい。

○材料(作りやすい分量)
大根……4cm(100g)

A
- 2倍濃縮甘酒……50g
- 塩……小さじ1
- 赤唐辛子(種を取り除く)
　……1/2本

○作り方
1　大根は5mm厚さの半月切りにする。
2　合わせたAをジッパーつきポリ袋に入れ、1を入れて半日ほど漬け込む。

定番和食に

和食に多い甘辛味は、甘酒の得意とするところ。
味をピタリと決めることがむずかしい煮ものも、
甘酒のうまみで、いいあんばいに落ち着きます。

野菜とお麩のすき焼き

野菜ときのこたっぷりの精進すき焼き。
甘酒ベースの割り下と野菜のだしをたっぷり吸った、
ふるふるの車麩のおいしさは格別です。

甘酒

○材料（2人分）

- 白菜……1〜2枚
- 長ねぎ……1本
- 春菊……1/4袋（50g）
- えのきだけ……1/2袋（50g）
- 生しいたけ……2枚
- しらたき……1/2袋（100g）
- 木綿豆腐……1/2丁（150g）
- 車麩……2枚
- 揚げ油……適量
- ごま油……大さじ1

A
- 2倍濃縮甘酒、水……各1/2カップ
- 酒、しょうゆ……各1/4カップ

素揚げにした車麩から、鍋全体に油が広がり、コクのあるおいしさに仕上がります。

○作り方

1. 白菜はひと口大に切り、長ねぎは1cm厚さの斜め切りに、春菊は5cm長さに切る。えのきだけとしいたけは石づきを切り落とし、半分に切る。しらたきは沸騰した湯で2〜3分ゆでて水けをきり、食べやすい長さに切る。豆腐はひと口大に切る。
2. フライパンに揚げ油を180℃に熱し、車麩をきつね色になるまでさっと揚げる（a）。油をきり、半分に切る。
3. 土鍋にごま油を熱し、1のねぎを中火でよく炒める。2とひたひたの水を加えてふたをし、ねぎと車麩がやわらかくなるまで煮る。
4. Aを混ぜて加え、残りの具材を加えて、ふたをして火を通す。

Point/ a

車麩は水でもどさず、かたいまま揚げます。

いわしのしょうが煮

甘酒で作る煮ものには、べたついた甘さがありません。
キリリとしたしょうがの風味が引き立つ、上品な味わいです。

○材料(2人分)
- いわし……3尾
- しょうがのせん切り……2片分
- 酒……大さじ1
- 2倍濃縮甘酒……40g
- しょうゆ……大さじ2

Point
じっくり煮詰めれば、骨まで食べられるやわらかさに。冷蔵で1週間保存可。

○作り方
1. いわしは頭と尾を切り落とし、内臓を取り除く。流水でよく洗って水けをふき取り、半分に切る。
2. 鍋に重ならないように1を並べ、ひたひたの水を注ぎ、酒としょうが(仕上げ用に少し残しておく)を加えて中火にかける。煮立ったら弱火にし、アクを軽く取り除いてふたをして5分ほど煮る。
3. いわしに火が通ったら、甘酒としょうゆを回しかけ、ふたをしてさらに10分ほど煮る。器に盛り、残しておいたしょうがのせん切りをのせる。

＊しっかり煮詰めてもおいしい。

甘酒

冷や汁

宮崎県の郷土料理を甘酒で。ここで使う甘酒は、甘みをつけるためではなく、だし代わり。しみじみとしたうまみが口いっぱいに広がります。

○材料(2人分)
- きゅうり……1本
- 大葉……2枚
- みょうが……1個
- 白すりごま……大さじ1
- 塩……小さじ2/3
- 2倍濃縮甘酒……40g
- みそ……40g
- 水……2カップ
- ごま油……小さじ1

○作り方
1. きゅうりはごく薄い輪切りにし、塩をまぶしてしんなりさせて水けを絞る。大葉はせん切りに、みょうがは小口切りにする。
2. ボウルに甘酒とみそを合わせ、水を少しずつ加えてのばす。
3. 2を器によそい、1とすりごまを加え、ごま油を回しかける。

Point
甘酒は、量によっては甘みではなく、うまみだけをプラスする役割にもなります。

根菜の甘辛煮

甘酒が持つ、やさしく穏やかな甘みは、
根菜特有の苦みやほのかな風味を消すことなく、
おいしさを最大限に引き出します。

○材料(2人分)

- ごぼう……小1/4本(40g)
- 大根……2.5cm(60g)
- れんこん……1/3節(60g)
- にんじん……4cm(40g)
- 生しいたけ……3枚
- こんにゃく……1/4枚
- ごま油……小さじ1

A
- 酒……小さじ2
- 塩……小さじ1/6

- 昆布……5cm角1枚

B
- 2倍濃縮甘酒……大さじ2
- しょうゆ……小さじ2

○作り方

1. 根菜は皮つきのまま大きさをそろえて乱切りにする。しいたけは石づきを切り落として半分に切る。こんにゃくはひと口大にちぎり、沸騰した湯で2〜3分ゆでて水けをきる。
2. 鍋にごま油を熱し、弱火でごぼうを10分ほどよく炒める。こんにゃく、大根、れんこん、にんじん、しいたけの順に鍋に加えて中火でよく炒め合わせ、Aをふり入れる。油が全体に回ったら、ひたひたの水と昆布を加えて弱火で煮る。
3. 水分が半分になったら、混ぜ合わせたBを加え(a)、水けがなくなるまで煮る。

Point/ a

まずは酒と塩で野菜に下味をつけて。仕上げに甘酒の合わせ調味料をからめるようにして味を含ませます。

甘酒マメ知識

甘酒は、ダイエットにも効果あり。甘酒に含まれる水溶性植物繊維が脂肪の取り込みを抑制することがわかりました。美肌効果もある甘酒は、食べれば食べるほど、いいことずくめです。

青菜とにんじんのごま和え

ほどよい粘りのある甘酒を使えば、
面倒な和えごろもがお手軽に。旬の野菜をたっぷりと。

○材料(2人分)
小松菜……1/2束(100g)
にんじん……3cm(30g)

A
| 白すりごま……大さじ2
| 2倍濃縮甘酒……大さじ1
| しょうゆ……小さじ2

○作り方
1 小松菜はさっとゆでてザルにあげ、冷ます。3〜4cm長さに切り、よく水けを絞る。
2 にんじんはせん切りにし、塩少々(分量外)をふる。小鍋に大さじ2程度の水とともに入れ、ふたをして好みのやわらかさになるまで、弱火で蒸し煮にして冷ます。
3 ボウルにAを入れて混ぜ合わせ、1、2を加えて和える。

Point
ゆで野菜はしっかり冷ましてから和えると、時間がたっても水っぽくなりません。

なめたけ

Point
保存期間は清潔なビンに入れて、冷蔵で1週間ほど。下記ののりの佃煮も同様。

とろりとおいしいごはんのお供。仕上げに酢を入れることで、味にまとまりが出ます。

甘酒

○材料（作りやすい分量）
えのきだけ……2袋（200g）
昆布……5cm角1枚
2倍濃縮甘酒……40g
水……1/2カップ
しょうゆ……1/3カップ
酢……小さじ2

○作り方
1 えのきだけは石づきを切り落とし、2cm長さに切る。昆布はハサミで小さく切る。
2 酢以外の材料を鍋に入れ、ときどき混ぜながら、弱火で煮る。
3 ヘラなどで、鍋底に線が引けるくらいまで煮詰めたら、酢を加え、ひと煮立ちさせて火を止める。

おいしいのりが手に入ったら、ぜひ作ってほしい一品。磯の香りでごはんがすすむ！

○材料（作りやすい分量）
焼きのり……3～4枚（10g）
水……1カップ
2倍濃縮甘酒……50g
しょうゆ……1/4カップ
酒……大さじ2

○作り方
1 のりはひと口大にちぎる。
2 鍋にすべての材料を入れ、弱火で汁けがなくなるまでじっくり煮る。

のりの佃煮

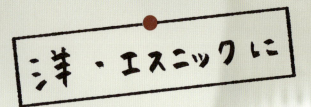

洋・エスニックに

和の料理以外でも、甘酒が登場すれば、
不思議とホッとするおいしさに。
刺激を和らげ、体にやさしいひと皿になります。

甘酒カレー

使ったスパイスはカレー粉だけ。
それだけで、ここまでのコクと深みのあるおいしさに。
濃厚なのにあと味は軽やか。新鮮な味わいのカレーです。

○材料(2人分)

玉ねぎ……大1個(200g)
にんじん……3cm(30g)
しめじ……1/2パック(50g)
にんにく、しょうがのみじん切り
　……各1/2片分
カレー粉……大さじ1/2
なたね油……大さじ2

A
　トマトのざく切り
　　……大1個分(150g)
　プルーン(種を取る)
　　……大1個
　2倍濃縮甘酒……150g

水……280mℓ

B
　しょうゆ
　　……大さじ1と2/3
　塩……小さじ1
　みそ、酢……各小さじ1/2

雑穀ごはん……適量
野菜の素揚げ(好みで)……適量

○作り方

1. 玉ねぎ、にんじんは粗みじん切りにする。しめじは石づきを切り落としてほぐす。
2. 鍋に油を熱し、玉ねぎを中火でよく炒める。きつね色になったらカレー粉を加えて軽く炒め、にんにく、しょうが、にんじん、しめじの順に加えて炒め合わせる。
3. 2にAと半量の水(140mℓ)を加え、沸騰したら弱火にして、野菜に火が通るまで煮る。
4. 3を火からおろし、残りの水を加えて混ぜる。粗熱を取ってからフードプロセッサーにかけてペースト状にする(a)。
5. 4を鍋に戻し入れ、Bを加えて10分ほど弱火で煮て、味をなじませる。器にごはんとともに盛り、野菜の素揚げを添える。

Point/ a

手順4のペーストの状態で、冷凍で1カ月保存可。多めに作っておいても。

甘酒マメ知識

甘酒は長く保存すると乳酸発酵がすすみ、酸味が出てきます。そんなときは大量に消費できるカレーがおすすめ。または、酸味を生かしてスムージーに使っても。

炊飯器で中華おこわ

ねぎとごま油の香り漂う、もっちりおこわ。
しいたけだしと甘酒のうまみがじんわり広がります。

○材料（作りやすい分量）
白米、もち米……各1合
干ししいたけ……5枚
長ねぎ……1本
しょうがのせん切り……1片分
ごま油……大さじ1
塩……小さじ1/2

A│2倍濃縮甘酒……30g
　│酒、しょうゆ……各大さじ1

○作り方

1　干ししいたけは1カップの水でもどす。石づきを切り落とし、薄切りにする（もどし汁は取っておく）。長ねぎは1cm幅の小口切りにする。

2　フライパンにごま油としょうがを入れ、中火にかける。香りが立ったら、長ねぎを加えてさっと炒め、塩をふる。

3　白米ともち米を合わせてとぎ、炊飯器の内釜に入れる。しいたけのもどし汁とAを加えてから、2合の目盛りまで水を足す。しいたけと2を加え、炊飯する。炊き上がったらさっと混ぜる。

自家製ピザソースは、にんにくと酢でアクセントを。
野菜はたっぷりめ、がおいしさの秘訣です。

甘酒

○材料(2人分)
ピーマン、玉ねぎ……各適量
甘酒ケチャップ(作り方p.22)
　……50g
にんにくのすりおろし……少々
酢……小さじ1/2
オレガノ……小さじ1
こしょう……小さじ1/4
食パン……2枚
酒粕粉チーズ(作り方p.81)
　……適量

○作り方
1　ピーマンは薄い輪切り、玉ねぎは薄切りにする。
2　小鍋に甘酒ケチャップとにんにくを入れ、弱火にかける。香りが立ったら、酢を加えて火を止め、オレガノとこしょうを加えて混ぜる。
3　食パンに2を塗り、1をのせてオーブントースターでカリッと焼く。仕上げに酒粕粉チーズを散らす。

甘酒トマトソースのピザトースト

チキンと野菜の甘酒バーベキュー

具材はちょっと焦げ目がつくくらいが、ちょうどいい焼き加減。
玉ねぎとにんにくを加えて、じっくり煮詰めた甘辛ソースを、
たっぷりかけてかぶりつきます。

○材料(2人分)
鶏もも肉……小1/2枚(120g)
紫玉ねぎ……大1/4個(50g)
ミニトマト(赤・黄)……各2個
パプリカ(赤・オレンジ)……各1/4個
とうもろこし……1/2本

ソース
- 2倍濃縮甘酒……80g
- 玉ねぎのすりおろし……30g
- にんにくのすりおろし……1/2片分
- しょうゆ……大さじ4
- 酢……大さじ1と1/3

塩、こしょう……各少々

Point/ a
このくらいになるまで、しっかり煮詰めます。

○作り方

1. ソースを作る。鍋に甘酒、玉ねぎ、にんにく、しょうゆを入れ、弱火にかけてとろみがつくまで煮る。ヘラで鍋底に線が引ける程度まで煮詰まったら(a)、仕上げに酢を加え、ひと煮立ちさせて火を止める。
2. ミニトマト以外の野菜は食べやすい大きさに切る。鶏肉はひと口大に切り、塩、こしょうをふる。
3. 2とミニトマトを串に刺してオーブントースターで焦げ目がつくまで焼き、1のソースを塗る。

＊ソースは冷蔵で1カ月保存可。

甘酒マメ知識

寒い時期に飲みたくなる甘酒だけれど、江戸時代には夏の飲みものとして親しまれていたとか。たしかに、俳句では夏の季語。この栄養価の高さは、夏バテにまちがいなく効果あり!

チャプチェ

韓国料理の甘辛にも、甘酒は大活躍。
にんにくの香りとごま油の風味に、箸が止まりません。

○材料(2人分)

玉ねぎ……大1/2個(100g)
にんじん……8cm(80g)
にら……1束(100g)
豆もやし……1/2袋(100g)
春雨……100g
ごま油……小さじ1
塩……小さじ1/4

A
- 2倍濃縮甘酒……1/4カップ
- しょうゆ……大さじ2
- ごま油……大さじ1
- にんにくのすりおろし……1/2片分

○作り方

1. 玉ねぎは薄切り、にんじんはせん切りにし、にらは10cm長さに切る。
2. フライパンにごま油を熱し、1の野菜と豆もやしを入れて中火で炒め、塩を加えて混ぜ、一度取り出す。
3. 春雨は袋の表示通りにゆで、ザルにあげてしっかり水けをきる。
4. フライパンに混ぜ合わせたAと3を入れ、中火で煮る。味がなじんだら、2を戻し入れてさっと混ぜる。

甘酒

甘酒を使えば、自家製キムチが手軽な材料で作れます。
漬け込むほどに味がなじんで、深みが出てきます。

○材料（作りやすい分量）
白菜……250g
塩……小さじ1

A
2倍濃縮甘酒……30g
にんにく、しょうがのすりおろし
　……各1/2片分
にんじんのすりおろし
　……1.5cm分（15g）
にら（3cm長さに切る）
　……1/5束（20g）
韓国唐辛子（粉末）、みそ、酢
　……各小さじ1
昆布（ハサミで細く刻む）……5cm角1枚

○作り方
1　白菜はざく切りにし、塩をまぶして
　　2～3時間おく。軽く水けを絞る。
2　Aをジッパーつきポリ袋に入れて混
　　ぜ、1を加え、密閉して漬け込む。
＊2日ほどで食べられる。

キムチ

なすのバンバンジー風

濃厚なごまの風味に甘酒の穏やかな甘みをプラス。
ラー油のほのかな辛みが、ますます食欲を誘います。

○材料(2人分)

なす……2本
きゅうり……1本
長ねぎのみじん切り……1/4本分
しょうがのみじん切り……1/2片分

A
- 白いりごま、白練りごま……各大さじ1/2
- 2倍濃縮甘酒……60g
- しょうゆ……大さじ1と1/2
- 酢……小さじ1
- ラー油……小さじ1/2

ごま油……大さじ1
塩……少々
糸唐辛子(あれば)……少々

○作り方

1 Aを上から順番にすり鉢に入れ、すり合わせる。長ねぎとしょうがを加えて混ぜる。
2 なすは縦半分に切って、皮に格子状に切り込みを入れる。きゅうりはせん切りにする。
3 フライパンにごま油を熱し、中火でなすを香ばしく焼いて塩をふる。
4 器にきゅうりを盛り、3をのせ、1をかける。あれば糸唐辛子をのせる。

甘酒チリソース

甘酒コチュジャンを
おむすびに塗り大葉
をのせて。

甘酒コチュジャン

生春巻きにぴったりな、
スイートチリソースも
甘酒で簡単に手作り。

○材料（作りやすい分量）
2倍濃縮甘酒……30g
酢……小さじ1
にんにくのみじん切り……1/3片分
赤唐辛子のみじん切り（種を取り除く）
　……1/4本分
塩……ひとつまみ

○作り方
1　材料をすべて混ぜ合わせる。

Point
生春巻きのほか、水炊きの
薬味にすれば、いつもの鍋
がほどよくエスニックに。

韓国の調味料、コチュジャンも
甘酒使いですぐに作れます。
揚げたごぼうにつけるとおいしい。

○材料（作りやすい分量）
2倍濃縮甘酒……100g
韓国唐辛子（粉末）……小さじ1
塩……小さじ2/3

○作り方
1　材料をすべて混ぜ合わせる。
　＊冷蔵で2週間保存可。

絶品おやつ

砂糖のとりすぎが気になるおやつは、
甘みを甘酒に替えてみましょう。
食べれば食べるほど、おなかも気持ちも健やかになります。

甘酒チュロス

もっちりした食感は、
まさに本場のチュロス！
甘酒は火を入れずに使うと、
酵素の力で生地が
まとまらなくなるので気をつけて。

○材料(2人分)

2倍濃縮甘酒……50g
水……1/2カップ

A
- なたね油……小さじ1
- 塩……ひとつまみ
- 片栗粉……10g
- 薄力粉……40g

揚げ油……適量

○作り方

1. 甘酒と水を鍋に入れて中火にかけ、沸騰したら30秒ほどそのまま火を通す。
2. 鍋を火から外し、Aを上から順に加え、ダマにならないように泡立て器でしっかりかき混ぜてから(a)、中火にかける。
3. もったりとしてきたら弱火にし、ヘラに持ち替えてダマをつぶすようにさらに混ぜる(b)。焦げつかないように練りながら、半透明になってくるまでしっかり火を通す。
4. 絞り袋に口径12mmの星形の口金をセットし、3の生地を入れる。
5. 揚げ油を180℃に熱し、4を10cmずつ絞り出して揚げる。揚げている間はできるだけ触らず、一度返すくらいにしてカリッと仕上げる。

＊口金は必ず星形のものを。揚げ油の中で爆発するのを防いでくれます。

火を入れない自家製甘酒には、発酵を助ける効果が。これを利用して、パンの砂糖を甘酒に置き換えると、ふんわりおいしいパンができます。量は、砂糖のおおよそ2倍を目安にして。

Point/ a

絶え間なくかき混ぜ、なめらかにします。

Point/ b

鍋底に押しつけるようにして、ダマをしっかりつぶします。焦げやすいので注意。

バナナマフィン

残ったパンで作れる、お手軽マフィン。
焼いたバナナの濃厚な甘さにうっとり。

○材料（直径4×高さ5cmのマフィン型4個分）
バゲット……50g
バナナ……1本

A
2倍濃縮甘酒……20g
豆乳……大さじ2
なたね油……小さじ1

○作り方
1 バゲットは1cm角に切る。バナナは50g分を切り分け、残りは飾り用に薄い輪切りにする。
2 ボウルにAと1の50g分のバナナを入れ、泡立て器でバナナをつぶすようにして、なめらかなクリーム状にする。
3 バゲットを加え、さっくりと合わせる。
4 型にペーパーカップを敷き、3を入れる。飾り用バナナをのせて170℃のオーブンで25分ほど焼く。

栗きんとん

甘酒と甘栗を混ぜるだけ。
簡単なのに、本格和菓子の味わいです。

○材料（6～7個分）
甘栗（皮をむいた状態で）……80g
2倍濃縮甘酒……60g

○作り方
1 鍋に甘酒を入れて中火にかけ、沸騰したら弱火にして、半量になるまで煮詰める。
2 粗熱を取った1と甘栗をフードプロセッサーにかけて、ペースト状にする。
3 6～7等分に分け、ぬらしたさらしなどで包んで、茶巾に絞る。

甘酒と豆乳の杏仁豆腐

甘酒と豆乳がベースの軽やかなおいしさ。
甘酸っぱいりんごシロップと一緒に。

○材料(2人分)

A
- 2倍濃縮甘酒……90g
- 豆乳……80mℓ
- 水……90mℓ
- アーモンドパウダー……10g
- 粉寒天……小さじ1/2

B
- りんごジュース(果汁100％)……50mℓ
- レモン汁……小さじ1/2

クコの実(水でもどす)……6粒

○作り方
1. Aをフードプロセッサーにかけて攪拌し、鍋に移して中火にかける。絶えずかき混ぜ、沸騰したら火を止める。
2. ときどきかき混ぜながら冷まし、人肌程度に冷めたら、器に移す。粗熱が取れたら、冷蔵庫で冷やし固める。
3. 2に、合わせたBをかけ、クコの実を飾る。

メロンスムージー

毎朝、飲みたい
ヘルシードリンク。
好みの旬のフルーツでどうぞ。

○材料(2人分)
- メロン……正味100g
- 2倍濃縮甘酒……40g
- 豆乳……100mℓ
- 水……90mℓ

○作り方
1. メロンは適当な大きさに切り、冷凍する。
2. 1と残りの材料を合わせてフードプロセッサーにかけ、攪拌する。

Part.2 塩麹レシピ

塩味をつけるなら、塩代わりに塩麹を。
素材のおいしさを引き出すだけでなく、
味をまろやかにまとめ、ぐっと味わい深くなります。

簡単使いに

足すだけ、和えるだけ、混ぜ合わせるだけ。
ひとつでたくさんのうまみを持つ塩麹を使えば、
少ない調味料で味わい深いひと皿になります。

「塩麹のポトフ」

たくさんの野菜のうまみが溶け出すポトフ。その味わいを塩麹が丸く包み込みます。

○材料（2人分）

- 玉ねぎ……大1/2個（100g）
- じゃがいも……小3個（120g）
- にんじん……4cm（40g）
- キャベツ（5cm幅程度のくし形切り）……2個
- かぶ……大1個（100g）
- セロリ……1/3本
- しめじ……20g
- 水……2カップ
- 塩麹、酒……各大さじ2
- 塩……小さじ1/3
- こしょう……少々

○作り方

1.
じゃがいもとキャベツ以外の野菜としめじは食べやすい大きさに切る。じゃがいもは丸ごと、にんじん、かぶは皮つきのまま使う。

2.
鍋に野菜としめじ、水を入れて、中火にかける。

3.
煮込む前に塩麹を加えると、煮くずれしにくい！
沸騰したら塩麹を加える。

4.
さらに酒を加える。

5.
冷めていく段階で味が素材に入ります
ふたをして弱火でキャベツが透き通るくらいまで煮て、火を止め、冷ます。

6.
再び火にかけ、塩、こしょうで味をととのえる。

\できあがり！/

塩麹ドレッシング

ベーシックなドレッシングに
塩麹をひとさじ。
酸味も塩けもまろやかになります。

○材料(作りやすい分量)
塩麹……大さじ1強
オリーブオイル……1/2カップ
酢……大さじ2
塩……小さじ1/2
こしょう……小さじ1/4

○作り方
1 材料をすべて混ぜ合わせる。
  ＊消毒した保存ビンに入れて、
   冷蔵で1カ月保存可。

おからサラダ

食物繊維いっぱいのおからをベースにした
さわやかなヘルシーサラダ。

○材料(2人分)
おから……150g
夏みかん……小1個(正味100g)
ラディッシュ……1個
紫玉ねぎ……30g
ディル(あれば)……少々
塩麹ドレッシング(上記参照)
　……全量

○作り方
1 夏みかんは皮をむいて、果肉を取り出す。ラディッシュは薄い輪切りにし、塩少々(分量外)をまぶす。紫玉ねぎは薄切りにする。
2 ボウルに塩麹ドレッシングを入れ、おからを加えて軽く混ぜる。
3 1を加えてさっくりと混ぜ合わせる。あればディルを散らす。

塩麹のクイック漬けもの

「ちょっと野菜が足りないな」
そんなときにプラスしたい一品。
もみ込むだけの手軽さです。

○材料(作りやすい分量)
きゅうり……1本
にんじん……5cm(50g)
塩麹……大さじ1

○作り方
1 きゅうりは1cm厚さの斜め切り、にんじんは縦半分にしてから斜め薄切りにする。
2 ジッパーつきポリ袋に1と塩麹を入れてもみ、3時間〜半日おく。

マチェドニア

フルーツに、塩麹!?
たとえるなら、"すいかに塩"。
甘さをぐんと引き立てるのです。

○材料(2人分)
ぶどう(好みのもの)……300g
レモンの薄切り(国産で皮に
　ワックスのかかっていないもの)
　……3枚

A
塩麹……小さじ1/2
レモン汁……小さじ1
りんごジュース(果汁100%)
　……150mℓ

○作り方
1 レモンは半分に切る。ぶどうは皮ごと食べられる品種であればそのまま、そうでない場合は皮をむく。
2 ボウルにAを入れて混ぜ合わせ、1を和える。

定番和食に

「なんだか、ひと味足りない気がする」。そんなときには塩麹。素材のじゃまをせずにうまみをプラス。塩麹があれば、だしいらず。

五目ちらし寿司

しょうゆなしの塩麹仕上げなら
淡くきれいな色のちらし寿司に。
素材の味を引き立てる
塩麹はいつだって頼れる存在。
米を炊くときにも塩麹を加えれば、
さらにおいしく。

○材料（作りやすい分量）

- 米……2合
- 塩麹……小さじ2
- にんじん……10cm（100g）
- れんこん……小1/2節（100g）
- 油揚げ……1枚
- 干ししいたけ……4枚

A
- 塩麹……小さじ2
- みりん……大さじ1

- 酢……大さじ1と1/2
- みりん……大さじ1
- 白いりごま……大さじ1/2
- さやいんげん（塩ゆで）……2本
- 焼きのり……全形1枚

塩麹マメ知識

塩麹はでんぷんを分解する作用があります。そのため、炊きたてごはんに混ぜるとごはんがボソボソに。炊き上がりに混ぜるのではなく一緒に炊けば、分解はされず、ふっくら仕上がります。

○作り方

1. にんじんはせん切り、れんこんは薄いいちょう切り、油揚げは油抜きをしてから細切りにする。干ししいたけは1カップの水でもどし（もどし汁は取っておく）、軸を切り落として薄切りにする。
2. 炊飯器の内釜にといだ米と2合の目盛りまで水を入れ、塩麹を加え（a）、軽く混ぜて炊飯する。
3. 鍋に1を入れてAと干ししいたけのもどし汁を加え、弱火でやわらかくなるまで煮る。
4. ごはんが炊き上がったら、大きなボウルなどに移し、酢、みりん、汁けをきった3の具材といりごまを加え、全体をさっくりと混ぜる。
5. 4を器に盛り、斜め薄切りにしたさやいんげんをのせ、細切りにしたのりを散らす。

Point/ a

ごはんを炊くときにも塩麹を加えます。ふっくらと炊き上がり、うまみもプラス。

ぶりの塩麹焼き

塩けの中に、ほんのり甘みを感じる塩麹漬け。
麹の力で、魚もふんわりやわらかに。

○材料(2人分)
ぶり……2切れ
塩麹……大さじ2
なたね油……少々
かいわれ菜(あれば)
　……適量

○作り方
1 ジッパーつきポリ袋にぶりと塩麹を入れて軽くもみ、冷蔵庫で半日ほどおく。
2 フライパンに油を熱し、ぶりについた塩麹を軽く取り、弱めの中火で両面を香ばしく焼く。器に盛り、あればかいわれ菜を添える。

Point
塩麹漬けはさわら、鮭、たらなど、白身魚をはじめ、どんな魚にも合います。

エリンギのから揚げ

塩麹とにんにくは、絶品の名コンビ。
香り高いきのこと合わせれば、あとをひくおいしさ。

○材料（2人分）
- エリンギ……200g
- にんにくのすりおろし……1/4片分
- 塩麹……20g
- 水……大さじ1
- こしょう……少々
- 片栗粉、揚げ油……各適量
- サニーレタス、レモンの薄切り……各適量

○作り方
1. エリンギはひと口大に切る。
2. 鍋に1、塩麹、水を入れ、弱火で水分がなくなるまで煮る。
3. にんにくとこしょうを加え、ひと混ぜしてそのまま冷ます。
4. 3に片栗粉をまぶし、170℃の揚げ油でカリッと揚げる。器に盛り、サニーレタス、レモンを添える。

Point
塩麹＋にんにくのから揚げは、ほかのきのこや大根などの根菜類でもおいしい。

けんちん汁

昆布の淡泊なだしと素材から出るうまみ。
それだけでしみじみとおいしいのは、
しっかり炒めた根菜と、塩麹のおかげ。

○材料（2人分）

ごぼう……4cm（20g）
大根……2cm（50g）
にんじん……2cm（20g）
里いも……小1個（40g）
こんにゃく……1/8枚
生しいたけ……2枚
長ねぎ……1/2本
木綿豆腐……1/4丁（75g）
ごま油……小さじ1

Ⓐ 水……2カップ
　昆布……5cm角1枚

塩麹……大さじ1
塩……少々
青ねぎ（小口切り）……適量

○作り方

1. ごぼうはささがき、大根、にんじんは薄いいちょう切り、里いもはひと口大に切る。こんにゃくは食べやすい大きさに薄切りにして沸騰した湯で2～3分ゆでる。しいたけは軸を切り落として薄切りにする。長ねぎは1cm幅に切る。

2. 鍋にごま油を入れ、ごぼうを弱火で炒める。油が回ったら中火にし、残りの1を大根から順に炒め合わせる。

3. Aを加え、沸騰したらアクを取り、野菜がやわらかくなるまで煮る。

4. 豆腐をさいの目に切って加え、塩麹を加え（a）、ひと煮立ちさせる。塩で味をととのえる。器に盛り、青ねぎをのせる。

Point/ a

塩麹は最後に加えることで、野菜本来の味が引き立ち、おいしく仕上がります。

塩麹マメ知識

塩麹を長くおくと、だんだん褐色になっていきます。これは、発酵がよりすすんだ証拠。ますます深みが出ておいしくなっているので、同じひとさじでも味わい深さが格段に違います。

塩麹

厚揚げの塩麹南蛮漬け

厚揚げを使って、揚げる手間なしの南蛮漬け。
たっぷりの野菜と一緒にいただきます。

○材料（2人分）

厚揚げ……1/2枚
紫玉ねぎ……大1/4個（50g）
にんじん……3cm（30g）

Ⓐ
塩麹……大さじ1強
みりん（沸騰させアルコール分を飛ばす）
　……大さじ2
酢……大さじ1
しょうゆ……小さじ1
赤唐辛子の小口切り……1/4本分

○作り方

1　紫玉ねぎは薄切りに、にんじんはせん切りにする。

2　厚揚げは熱湯をかけて油抜きをし、ひと口大に切る。

3　ボウルにAを入れて混ぜ、1を加えて和える。2を加え、玉ねぎとにんじんで覆うようにして、冷蔵庫で半日ほど漬け込む。

Point
半日ほど漬け込めば食べられるけれど、じっくり2日間ほど漬けたものも格別。

小松菜の野沢菜漬け風

小松菜に塩麹をもみ込んだだけ。
しかも2時間ほどおいただけで、
ほどよい酸味の"野沢菜漬け"に。

○材料（作りやすい分量）
小松菜……1束（200g）
塩麹……大さじ2

○作り方
1 小松菜はよく洗い、1株ずつ重ならないようにザルに広げる。全体に熱湯を回しかけ、3cm長さに切り、水けをしっかり絞る。
2 ジッパーつきポリ袋に1と塩麹を入れ、空気を抜いて真空状態にして2時間ほど漬け込む。

Point
あっさり浅漬けもいいけれど、古漬けを刻んで、チャーハンに入れてもおいしい。

だし

野菜がいっぱいの山形の郷土料理。
しょうゆと塩麹だけで
見事に再現しました。

○材料（作りやすい分量）
きゅうり、なす……各1本
オクラ……8本
みょうが……2個
大葉……5枚
塩麹……大さじ2
しょうゆ……小さじ2

○作り方
1 オクラはヘタを取り、塩（分量外）をまぶしてまな板にのせ、手のひらで転がして産毛を取ってから、さっとゆでる。
2 1のオクラ、残りの野菜はすべてみじん切りにする。
3 ボウルに2を入れ、塩麹、しょうゆを加えて和える。

洋・エスニックに

塩けとうまみとかすかな甘み。すべてを備えた塩麹は、
洋食やエスニック料理にも底力を発揮します。
どの国の料理にも寄り添うような、器の大きさがあるのです。

ミネストローネ

塩だけでは、このおいしさは出せません。
トマトの甘酸っぱさ、にんじんの甘さ。
スープに溶け込む塩麹が、すべてをまとめます。

○材料(2人分)

玉ねぎ……小1/3個(60g)
にんじん……3cm(30g)
じゃがいも……大1/2個(60g)
トマト……中1個(120g)
オリーブオイル……小さじ1
水……2カップ
塩麹……大さじ1
塩……ふたつまみ
こしょう……少々

○作り方

1 玉ねぎはみじん切りにする。そのほかの野菜は1cm角に切る。

2 鍋にオリーブオイルを熱し、中火で玉ねぎを炒める。油が回ったらそのほかの野菜もにんじんから順に炒め合わせ(a)、全体に油が回ったら、水を加える。

3 沸騰したら弱火にし、野菜に火が通るまで煮る。塩麹を加えてひと煮立ちさせ(b)、塩、こしょうで味をととのえる。

塩麹マメ知識

通常の料理で、塩麹だけで塩味をつけたい場合には、塩のおよそ5倍量の塩麹を使います。ただ、スープの場合は素材からのうまみも濃く出るので、味を見ながら加減して。

Point/ a

具の大きさをそろえることで火が均一に通り、見た目もきれいに仕上がります。

Point/ b

味つけは、野菜に火が通った、いちばん最後のタイミングで。

ワカモーレ

塩麹でうまみをプラスした
濃厚なアボカドを、
レモンの酸味で引き締めて。

○材料（2人分）
アボカド……中1個（150g）
塩麹……大さじ1/2
レモン汁……小さじ1

○作り方
1 アボカドは種と皮を取り除き、
フォークの背などで粗くつぶす。
2 ボウルに1と塩麹、レモン汁を入
れ、混ぜ合わせる。

Point
トルティーヤチップスのほ
か、パンにも合います。タ
バスコや一味唐辛子で辛み
を足しても。

サルサメヒカーナ

トマトと塩麹の相性は抜群。
このソースをかけただけで、
どんなものもメキシコ風に！

○材料（2人分）
トマト……中2個（250g）
ピーマン……1個
紫玉ねぎ……30g
塩麹……大さじ1
レモン汁……大さじ1
香菜のみじん切り……大さじ1
一味唐辛子……少々

○作り方
1 トマトは粗みじん切りに、ピーマ
ン、紫玉ねぎはみじん切りにする。
2 ボウルに1と残りの材料を入れ、
混ぜ合わせる。

Point
チップスのほか、グリルし
た肉や野菜にかけても、
さっぱりしておいしい。

塩麹マメ知識

近頃、すっかりメジャーに
なった塩麹。実は新しいも
のではなく、江戸時代の文
献『本朝食鑑』にも記述が
残っています。当時は調味
料というよりも漬け床とし
て活用されていたもよう。

塩麹

マッシュルームと トマトのアヒージョ

にんにくと塩麹から漂う、食欲を刺激する香り。
きのこのうまみがたっぷりのオイルに
ひたしたバゲットは、たまらないおいしさ。
熱々トマトはやけどにご注意！

○材料(2人分)

マッシュルーム……14個
ミニトマト……6個

A
にんにくの薄切り……2片分
オリーブオイル……大さじ4
赤唐辛子……1本

塩麹……大さじ1
パセリのみじん切り……少々

○作り方

1 耐熱皿にAを入れ、弱火にかける。にんにくの香りが立ったら、塩麹を加える（a）。
2 全体になじんだら、マッシュルームとミニトマトを加え、ときどき転がしながら火を通す。仕上げにパセリを散らす。

塩麹マメ知識

麹に含まれる酵素には、栄養を分解して吸収しやすくする力があります。だから、胃腸が弱っているときや体調不良のときの栄養補給に、麹の力を借りてみては。体を内側から健やかに。

Point/ a

塩麹は焦げやすいので、にんにくの香りをしっかり出してから加えましょう。

ナムル

残り野菜をさっとゆでて、塩麹で和えれば簡単ナムル。
手早くできる、野菜のおかずです。

○材料（2人分）
豆もやし……1/2袋（100g）
小松菜……1束（200g）
しめじ……1/2パック（50g）

A
塩麹……大さじ1
ごま油……小さじ2
にんにくのすりおろし
　……1/2片分

白いりごま……大さじ1/2
塩、こしょう……各少々

○作り方
1. 豆もやしと小松菜は、それぞれさっとゆでてザルにあげて冷まし、水けをきる。小松菜は5cm長さに切る。
2. しめじは石づきを切り落としてほぐす。小鍋に入れて塩少々（分量外）をふり、ふたをして弱火で蒸し煮にする。火が通ったら水けをきる。
3. ボウルにAを入れて混ぜ、1、2、いりごまを加えて和え、塩、こしょうで味をととのえる。

Point
にんじんを加えれば彩り豊かに。ラー油をたらしてピリ辛にしてもおいしい。

塩麴だれのチヂミ

ねぎいっぱい、ごま油香る万能だれで、
シンプルなチヂミも風味豊かなごちそうに。

○材料（2人分）
にら……1束（100g）

A
- 米粉……120g
- 塩……小さじ1/3
- 水……150ml

塩麴だれ
- 塩麴……小さじ1
- 長ねぎのみじん切り
  ……小さじ1
- ごま油……小さじ2

ごま油……大さじ1

○作り方
1. にらは長さを4等分に切る。
2. ボウルにAを入れてよく混ぜ、1を加えてひと混ぜする。
3. 塩麴だれの材料を合わせる。
4. フライパンにごま油を熱し、2の生地を流し入れて弱火でじっくりと両面を焼く。
5. 4を食べやすい大きさに切って器に盛り、3のたれを添える。

Point
塩麴だれはチヂミのほか、焼きなすやゆで野菜にかけても。冷蔵で1カ月保存可。

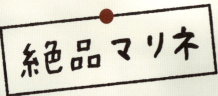

絶品マリネ

和えてしばらくおけば、
時間がおいしくしてくれます。
洋の印象の強いマリネですが、
塩麹なら、親しみやすくほんのり和風。

トマトとバジルのマリネ

オリーブオイルと塩麹でまろやかマリネ。
そのまま食べても、もちろんおいしく、
アレンジも自在な、覚えておきたいひと皿です。

○材料(作りやすい分量／約300g)
トマト……大2個(300g)
バジルの葉……5枚

A
塩麹、オリーブオイル……各大さじ2
バルサミコ酢……小さじ1
こしょう……少々

○作り方
1 トマトは1〜2cm角に切る。バジルは適当な大きさにちぎる。
2 ボウルにAを入れて混ぜ、1を加えて和える。

冷製パスタ

トマトのおいしさをシンプルに。
バジルが香る、
あっさりイタリアン。

○材料(2人分)
トマトとバジルのマリネ(上記参照)……150g
ロングパスタ(カッペリーニ)……80g
バジル(あれば)……適量

○作り方
1 パスタを袋の表示時間どおりにゆでる。ゆで上がったら冷水でしめ、水けをよくきって器に盛る。
2 トマトとバジルのマリネをたっぷりのせる。あればバジルを飾る。

ブルスケッタ

みずみずしいトマトを、
バゲットにたっぷりのせて
いただきます。

○材料(2人分)
トマトとバジルのマリネ(上記参照)……150g
バゲットの薄切り……4〜5枚

○作り方
1 バゲットは軽くトーストする。
2 トマトとバジルのマリネをのせる。

白身魚と玉ねぎのマリネ

○材料(2人分)
白身魚の刺身(鯛など)……100g
玉ねぎ……10g

A
| 塩麹、酢……各小さじ1
| オリーブオイル……大さじ1

タイム(あれば)……少々

淡泊な白身魚も、塩麹の手にかかれば
うまみの濃い、ぜいたくな味わいに。

○作り方
1 刺身と玉ねぎは薄切りにする。
2 ボウルにAを入れて混ぜ、1を加えて和える。
3 2の刺身を皿に並べ、玉ねぎをのせて、あればタイムを散らす。

豆腐のカッテージチーズ

「いったいこれは?」と驚きの味。
豆腐を塩麹で漬けたら、
チーズの味わいになりました。

○材料(2人分)
木綿豆腐……1/2丁(150g)
塩麹……大さじ1
ピンクペッパー……少々
ルッコラ(あれば)……1枚

○作り方
1 豆腐は半分に切り、5分ほどゆでる。厚手のペーパータオルなどで包み、皿などで重石をして半分の厚さになるまで水きりをする。
2 保存容器に塩麹を入れ、1をくずしながら加えて混ぜる。ふたをして冷蔵庫に入れ、半日ほどおく。
3 器に盛り、ピンクペッパーを散らして、あればルッコラを添える。

パプリカのマリネ

肉厚のパプリカを、甘酸っぱくマリネ。フルーツのようなおいしさです。

塩麹

○材料（作りやすい分量）
パプリカ（赤・黄）……大各1/2個（計180g）

A
- 塩麹……大さじ1
- りんご酢……大さじ1/2
- オリーブオイル……小さじ1
- こしょう……少々

○作り方
1. パプリカは繊維に沿って1〜1.5cm幅に切る。
2. フライパンを中火で熱し、1を油なしで焼き、少ししんなりさせる。
3. ジッパーつきポリ袋にAを入れて混ぜ合わせ、2を加え、冷蔵庫で半日ほどおく。

なすのアチャール

アチャールは、インドの漬けもの。油とスパイスと塩麹でマリネして、しっとりまろやかに仕上げました。

○材料（2人分）
なす……2本

A
- なたね油……大さじ3
- にんにく、しょうがのみじん切り……各2片分
- 赤唐辛子（種を取り除く）……1/2本

B
- 塩麹、酢……各大さじ1と1/2
- ターメリック、ガラムマサラ……各小さじ1/4

○作り方
1. なすは1cm角に切る。
2. フライパンにAを入れ、中火にかける。香りが立ったら、1を加えてしんなりするまで炒める。
3. 混ぜ合わせたBを加え、水分がなくなるまでかき混ぜながら弱火で火を通す。
4. 保存容器に入れ、ふたをして冷蔵庫で1日おいて味をなじませる。

Part.3
酒粕レシピ

隠し味でうまみを出したり、
驚く変身ぶりで、洋食のベースになったり。
うまみのかたまり酒粕は、まさに縁の下の力持ち。

簡単使いに

少し入れるだけでも、濃厚なコクが出ます。
塩けを足すと、その味わいはぐっと深まり、
ほかの調味料は必要ないほどのうまみになります。

酒粕

「おいもときのこの酒粕和え」

ほくほくのじゃがいもときのこを、酒粕でシンプルに和えました。

○材料（2人分）
じゃがいも……大1個（150g）
しめじ……1/2パック（50g）
塩……少々

Ⓐ
火入れ酒粕ペースト（右記参照）
　　……大さじ2
塩……ふたつまみ
酢……大さじ1/2

火入れ酒粕ペースト

○材料（作りやすい分量）と作り方

酒粕……100g
水……1/2カップ

＊保存容器に移し、冷蔵で1カ月ほど保存可。

鍋に材料を入れ、ヘラなどでよく混ぜながら弱火にかける。水分が飛び、ペースト状になるまで5分ほど練る。

アルコール分が飛んでいるので、子どもやお酒の飲めない人でもOK！

○作り方

1. じゃがいもは2cm角に切る。しめじは2cm程度に刻む。

2. 鍋に1を入れ、塩をふり、水小さじ2を加える。弱火でふたをして蒸し、じゃがいもに火が通ったら、ふたを取って水分を飛ばす。

3. ボウルにAを入れて混ぜる。

素材の味を引き出す和えごろもです

4. 2を加えて和える。

でき上がり！！

酒粕クリームドレッシング

○材料(作りやすい分量)
火入れ酒粕ペースト(p.71参照)
　……20g
豆乳……50㎖
オリーブオイル、酢……各大さじ1
粒マスタード……小さじ1
塩……小さじ1/5
こしょう……少々

○作り方
1　材料をすべて混ぜ合わせる。
　＊消毒した保存ビンに入れて、冷蔵で2週間保存可。

酒粕と豆乳で作った、あっさりとしたマヨネーズ風のドレッシングです。

シーザー風サラダ

ドレッシングもチーズも、驚くことにベースは酒粕。軽やかながら、食べ応えあり。

○材料(2人分)
グリーンリーフ……2枚
ベビーリーフ……1/4パック
酒粕クリームドレッシング
　(上記参照)……適量
酒粕粉チーズ(作り方p.81)
　……大さじ1

○作り方
1　グリーンリーフはひと口大にちぎり、ベビーリーフと混ぜる。
2　器に盛り、ドレッシングをかけ、全体に酒粕粉チーズを散らす。

酒粕ごはん

ほんのり香る、
酒粕を入れて炊いたごはん。
口に入れるとうまみがじんわり。

○材料（作りやすい分量）
白米……2合
酒粕……小さじ1
塩……ひとつまみ

○作り方
1 白米はといで、炊飯器の内釜に入れ、2合の目盛りまで水を加える。酒粕と塩を加え、炊飯する。

酒粕麹甘酒

香り高い酒粕の甘酒。
甘みは砂糖でなく、
麹甘酒でほんのりつけます。

○材料（作りやすい分量）
酒粕……40g
2倍濃縮甘酒……100g
水……300㎖
塩……ひとつまみ

○作り方
1 鍋に酒粕と水を入れ、中火にかける。沸騰したら弱火にし、3分ほど煮る。
2 甘酒を加え、ひと煮立ちしたら塩で味をととのえ、火を止める。

定番和食に

粕汁や粕漬けなど、日本には昔から、
酒粕を使った料理がたくさんあります。
意外に知らない定番の味をおさらいします。

粕汁

寒い季節になると食べたくなる、
体を内側からぽかぽかに温めてくれる粕汁。
滋味深さをしみじみ感じる一杯です。

○材料（2人分）

大根……2cm（50g）
にんじん……2cm（20g）
ごぼう……4cm（20g）
さつまいも……20g
長ねぎ……1/3本
えのきだけ……1/5袋（20g）
油揚げ……1/4枚
ごま油……小さじ1

A
| 酒粕……30g
| 昆布……5cm角1枚
| 水……2カップ強

みそ……20g
塩……小さじ1/3

○作り方

1 大根、にんじんは薄いいちょう切り、ごぼうはささがき、さつまいもは5mm厚さの半月切り、ねぎは1cm幅の小口切り、えのきだけは3〜4cm長さに切る。油揚げは熱湯をかけて油抜きをし、短冊切りにする。

2 鍋にごま油を熱し、中火でごぼうをよく炒める。油がなじんで香りが立ってきたら、大根、にんじん、えのきだけを加え、よく炒め合わせる。

3 Aを加える（a）。沸騰したら弱火にし、野菜に火が通るまで煮る（b）。

4 長ねぎ、さつまいも、油揚げを加え、さつまいもに火が通ったら、みそを溶き入れ、塩で味をととのえる。

Point/ a

酒粕は水から入れて根菜を煮込みながら、アルコール分を飛ばします。

Point/ b

お酒に弱い人やお子さんには、煮込み時間をやや長くして。好きな人は、途中で加えても。

酒粕マメ知識

酒造りをする杜氏さんの手は美しいといいますが、酒粕は外側から取り入れても美肌に効果が。わが家ではお風呂にも酒粕を入れています。体が温まり、肌もツヤツヤになります。

鮭の西京焼き

西京漬けも、作り方を知れば驚くほど簡単。
おいしい酒粕が手に入ったら、ぜひ！

○材料（2人分）
生鮭……2切れ
塩……鮭の重さの2％分

A｜酒粕……60g
　｜みりん……大さじ2

大葉（あれば）……2枚
大根おろし（あれば）……適量

Point
魚のほか、れんこんやにんじん、ごぼうなど、ゆでた根菜を漬けてもおいしい。

○作り方
1　鮭は塩をふり、10分ほどおく。表面に出てきた水分をペーパータオルでふき取る。
2　Aをジッパーつきポリ袋に入れ、袋の外側からよくもんでペースト状の漬け床を作る。1を入れて漬け床で全体を覆うようにして、冷蔵庫でひと晩漬け込む。
3　鮭についた漬け床をぬぐい、温めた魚焼きグリル、またはフライパンで弱めの中火で両面を香ばしく焼く。器に盛り、あれば大葉と大根おろしを添える。
＊焦げやすいので火加減に気をつけて。

さばのみそ煮

酒粕

おなじみのみそ煮にも、酒粕をひとかけら。
こっくりとした味わいで、おいしさが倍増します。

○材料（2人分）
さばの切り身……2切れ

A
| 酒粕……20g
| みそ、みりん……各大さじ1
| しょうゆ……小さじ2
| 水……1/2カップ
| しょうがの薄切り
| ……1片分

長ねぎ……1本
しょうがのせん切り……適量

○作り方
1 さばは熱湯を回しかけ、冷水にとる。水けをきり、皮目に2カ所ほど切り込みを入れる。
2 鍋にAを入れ、中火にかける。沸騰したら1を入れ、落としぶたをして弱火で10〜15分煮る。4等分に切った長ねぎを加え、5分ほど煮る。
3 器に盛り、しょうがのせん切りをのせる。

Point
同じ調味料で、里いもやこんにゃくを煮てもおいしい。魚のほか、鶏肉もおすすめ。

洋・エスニックに

酒粕は料理法によって、
意外にも、チーズのような、ミルクのような、
乳製品に近い味わいに。
酒粕のうまみは、変幻自在です。

酒粕ときのこのストロガノフ

玉ねぎときのこをじっくり炒めてうまみを引き出し、
酒粕と豆乳のソースで煮込みました。
絶妙なコクで、お肉なしでも満足感のあるひと皿です。

○材料（2人分）

きのこ（しめじ、マッシュルームなど
　好みのもの2～3種類）……150g
玉ねぎ……小1個（150g）
なたね油……大さじ2

A
| 酒粕……50g
| 豆乳……1カップ
| 水……1/2カップ

塩……小さじ3/4
こしょう……少々
玄米ごはん……適量
パセリのみじん切り……少々

酒粕マメ知識

酒粕にも"旬"があるのを
ご存じですか？ それは、
新酒が出回りはじめる冬。
できたての酒粕は香りがよ
いので、香りを楽しみたい
料理のときには、なるべく
新しい酒粕を使ってみて。

○作り方

1　きのこは石づきを切り落とし、食べやすく切る。玉ねぎはひと口大に切る。
2　鍋に油を熱し、中火で玉ねぎを炒める。しんなりしたらきのこを加えてひと混ぜし、Aを加えて（a）、弱火で10分ほど煮る。
3　とろみがついたら、塩、こしょうで味をととのえる。ごはんとともに器に盛り、パセリを散らす。

Point / a

酒粕を入れて10分煮て、
アルコール分を飛ばします。
うまみは残るので安心して。

酒粕マカロニグラタン

とろりと濃厚、口当たりなめらかなホワイトソースは、
酒粕と米粉で作りました。たくさん食べても
不思議と軽い、ヘルシーなグラタンです。

酒粕

○材料(2人分)

A
- 酒粕……70g
- 米粉……50g
- なたね油……大さじ2
- 塩……小さじ1

- 玉ねぎ……小1/2個(80g)
- しめじ……1/2パック(50g)
- ブロッコリー……1/2個(100g)
- マカロニ……100g
- なたね油……大さじ1/2
- 水……1/2カップ
- 豆乳……3/4カップ
- 塩……小さじ1
- こしょう……少々

B
- パン粉……10g
- 酒粕粉チーズ(下記参照)……10g
- なたね油……小さじ2
- 塩……ふたつまみ
- パセリのみじん切り……大さじ1

○作り方

1. Aをフードプロセッサーに入れ、撹拌する。
2. 玉ねぎは薄切りにする。しめじは石づきを切り落として小房に分ける。ブロッコリーは小房に分けてかためにゆでる。マカロニは袋の表示時間どおりにゆでる。
3. 鍋に油を熱し、玉ねぎを中火で炒める。しんなりしたらしめじを加え、全体に油が回ったら弱火にし、1を加えて炒め合わせる。5分ほど炒めたら、水を少しずつ加え、沸騰したら10分ほど煮てクリーム状にする。
4. 豆乳を加えて混ぜ、塩、こしょうで味をととのえる。ゆで上がったマカロニを加えて全体を混ぜる。
5. 耐熱皿にブロッコリーを並べ、上から4をかける。
6. 混ぜ合わせたBを全体にふりかけて170℃のオーブンで10分ほど焼く。

酒粕粉チーズ

○材料(作りやすい分量)

- 酒粕……70g
- 米粉……50g
- なたね油……大さじ2
- 塩……小さじ1

○作り方

1. 材料をすべてフードプロセッサーに入れ、撹拌する（**a**）。
2. 天板にオーブンシートを敷き、1を広げる。140℃のオーブンで10〜15分焼く（**b**）。

＊冷蔵で1カ月保存可。

Point/ a

マカロニグラタンの1と同じ状態です。

Point/ b

焼き上がりはこんな色。焦げやすいのでこの色を目安に焼き時間は調整を。

マッシュポテト

酒粕を豆乳と合わせてクリーミーに。
香り高い、ちょっと大人風味のマッシュポテト。

○材料(2人分)

じゃがいも……小3個(300g)

A
- 酒粕……30g
- 豆乳……1カップ
- なたね油……大さじ1

塩……小さじ1/2
こしょう……少々
イタリアンパセリ(あれば)……1茎

○作り方

1 じゃがいもはひと口大に切って蒸す。熱いうちに皮をむき、粗くつぶす。
2 鍋にAを入れて中火にかけ、なめらかなクリーム状になるまでヘラで混ぜながら酒粕に火を入れる。塩、こしょうで味つけをする。
3 2に1を加え、全体を混ぜ合わせる。器に盛り、こしょう(分量外)をふる。あればイタリアンパセリを添える。

豆醤スープ

台湾の朝ごはんの定番、豆醤スープ。
現地のあの味わいを、酒粕のうまみで再現しました。

酒粕

○材料（作りやすい分量）
長ねぎ……1/2本
えのきだけ……1/2袋（50g）
しめじ……20g

Ⓐ
酒粕……30g
豆乳……2と1/2カップ
みりん……大さじ1
しょうゆ、塩……各小さじ1

酢……小さじ2
白すりごま……小さじ1
バゲット……少々
揚げ油……適量
香菜、ラー油……各適量

○作り方

1 長ねぎは粗みじん切りにする。えのきだけは石づきを切り落とし、2～3cm長さに切る。しめじは石づきを切り落とし、小房に分ける。

2 鍋に1とAを入れ、5分ほど煮る。酢とすりごまを加え、ヘラでやさしくかき混ぜて分離させる。

3 バゲットは薄切りにし、180℃の揚げ油で素揚げにする。香菜は刻む。

4 器に2をよそい、3をのせ、ラー油を回しかける。

酒粕とチキンのトマト煮

酒粕に漬けた鶏肉はふっくらとして、うまみを含んでいます。
チーズのようなコクがある、
野菜いっぱいのトマトソースをからめてどうぞ。

○材料（2人分）

鶏もも肉……小1枚（200g）

A
- 酒粕……30g
- 酒……大さじ1
- 塩……ふたつまみ

玉ねぎ……大1/2個（100g）
ピーマン……2個
にんにくの薄切り……1片分
トマトの水煮……2/3缶（250g）
オリーブオイル……小さじ2
塩……小さじ1/2
こしょう、オレガノ（ドライ）……各少々

○作り方

1. 鶏肉はひと口大に切る。ジッパーつきポリ袋に**A**を入れて上からもみ、ペースト状にする。鶏肉を加え、30分ほど漬け込む（a）。
2. 玉ねぎは横半分に切ってから薄切りに、ピーマンは細切りにする。
3. 鍋にオリーブオイルの半量を熱し、ペーストを軽く取った1の鶏肉の表面を香ばしく焼いて一度取り出す。残り半量のオリーブオイルを熱し、にんにくを入れて中火にかける。香りが立ったら玉ねぎを加え、しんなりしたらピーマンを加えて炒め合わせる。
4. トマトの水煮を加え、鶏肉を戻し入れる。ポリ袋に残ったペーストも一緒に入れ、弱火で10分ほど煮る。塩、こしょうで味をととのえ、オレガノを散らす。

酒粕マメ知識

酒粕の旬は冬だけれど、保存が長くなって熟成がすすんだ酒粕にも、また違うおいしさが。風味は新酒の酒粕に負けるものの、そのうまみの濃さは格別。煮込みには、この熟成酒粕も◎。

Point/ a

酒粕のアミノ酸が鶏肉をやわらかくします。

酒粕

酒粕バーニャカウダ

アンチョビ代わりに香り高いまいたけを、
牛乳代わりに酒粕を使っています。酒粕がにんにくのくさみを
ほどよく消し、香ばしい味わいになりました。

○材料（2人分）

A
- 酒粕……40g
- にんにく（半分に切る）……6片
- 水……150ml
- 塩……大さじ1/2

- 酒粕……30g
- まいたけ（ほぐす）……1パック（100g）
- なたね油……大さじ2
- 塩……小さじ1

B
- オリーブオイル……大さじ3
- なたね油……大さじ1

- 旬の野菜……適量

○作り方

1. 鍋にAを入れて中火で煮る。鍋底にヘラで線が引けるほど煮詰まったら（a）、火を止める。
2. フライパンに油を熱し、中火で酒粕を炒める。軽く焦げ目がついたらまいたけを加え、塩をふって弱火で炒め合わせる。10分ほど炒めて全体を香ばしく仕上げる（b）。
3. フードプロセッサーに1と2、Bを入れて撹拌し、ペースト状にする。
4. 旬の野菜に3をつけていただく。

酒粕マメ知識

自然なてのひら造りの寺田本家の酒粕は、発酵力の強さが違います。そのパワーは、パン作りの酵母として使われるほど。元気な酒粕は、水に入れるとすぐにぷくぷく発酵をはじめます。

Point/ a

ここでしっかり煮詰めておくと、濃厚なソースになります。

Point/ b

よく炒めることで、香ばしさが加わり、おいしく仕上がります。

酒粕パコラ

パコラは、インドの天ぷら。
ひよこ豆の粉をおからに替えて、
さらに酒粕でうまみをプラス。
ほっくり野菜と
スパイスの風味を引き立てる、
おいしいころもになりました。

○材料(2人分)
玉ねぎ……大1/2個(100g)
カリフラワー……1/3個(160g)
酒粕……30g
水……大さじ3

A
　おから……30g
　ターメリック、ガラムマサラ、塩
　　……各小さじ1/4

薄力粉……大さじ2
揚げ油……適量

○作り方
1　玉ねぎは1cm厚さの輪切りにする。カリフラワーはひと口大に切る。
2　ボウルに酒粕と水を入れ、酒粕をふやかす(a)。やわらかくなったら、Aを加えて混ぜ合わせ、薄力粉を加えてさっくりと混ぜる(b)。
3　1に2のころもをまとわせ、180℃の揚げ油できつね色になるまで揚げる。

Point/ a

ふやかすことで、混ざりやすくなります。

Point/ b

空気を入れてさっくりと混ぜることで、サクッと軽い揚げ上がりになります。

酒粕マメ知識
腸の掃除をしてくれる酒粕。その仕組みは、腸内の余分な脂肪分を吸着し、体外に排出してくれるというもの。習慣的に摂取すれば、体に脂がたまりにくい体質になっていきます。

酒粕

絶品おやつ

ふわりとお酒が香る酒粕のおやつは
どこかぜいたくな味わいです。
しっとり生地もサクサク生地も、思いのまま。

酒粕ブラウニー

ココアのほろ苦さと酒粕の香りをアクセントにした
砂糖を使わない、しっとり大人のブラウニー。
子どもと楽しむ場合は、火入れ酒粕ペースト（p.71）を使って。

○材料（10×20×高さ2.5cmの型1台分）

Ⓐ
- 薄力粉……90g
- ココア、アーモンドパウダー……各30g
- 塩……ふたつまみ

Ⓑ
- 酒粕……70g
- 木綿豆腐……120g
- 豆乳……60ml
- サラダ油……大さじ4
- プルーン(種を取る)……60g

- レーズン……70g
- くるみ……20g

○作り方

1 アルミホイルで10×20×高さ2.5cmの型を作り、内側に薄く油（分量外）を塗っておく。
2 Ⓐをボウルに入れ、均一になるように泡立て器で混ぜる。
3 Ⓑをフードプロセッサーにかけ、ペースト状にする。レーズンを加えてさっと混ぜる。
4 3に2を3回に分けて加える。その都度、練らないようにさっくりと混ぜ合わせる。
5 4を1の型に流し入れ、くるみをのせて170℃のオーブンで25分ほど焼く。

酒粕の形状はいろいろ。代表的なのは、酒をしぼった残りを板状にした「板粕」、板粕の端や粉砕したものを集めた「バラ粕」など。さらに板粕やバラ粕を熟成させた「練り粕」も。

酒粕とおからのグラノーラ

軽快な歯触りが楽しい、素朴なグラノーラ。低めの温度でじっくり焼き上げて、水分を飛ばします。

○材料（作りやすい分量）

A
- おから……80g
- 酒粕……30g
- なたね油……大さじ3
- 塩……小さじ1/4

- オートミール、薄力粉……各60g
- レーズン……30g
- かぼちゃの種……20g

○作り方

1. ボウルにAを入れ、泡立て器で混ぜる。
2. オートミールを加えてさらに混ぜ、薄力粉を加えてヘラなどでさっくりと混ぜ合わせる。
3. オーブンシートを敷いた天板に広げ、140℃のオーブンで30分、カリッとするまで焼く。まだ湿っぽいようであれば、そのままオーブンの中において余熱で火を通す。
4. 冷めたら、レーズンとかぼちゃの種を加えてざっくりと混ぜる。

＊清潔な保存ビンなどに入れて、常温で2週間保存可。

酒粕コンポート

どこか和の雰囲気が漂うコンポート。酒粕で、りんごの甘みを存分に引き出しました。

○材料（2人分）
- りんご……大1個（300g）
- 酒粕……30g
- 塩……ふたつまみ
- 水……1/2カップ
- シナモンパウダー……少々

○作り方

1. りんごは8等分のくし形切りにして芯を取り除く。
2. 鍋に1を並べ、酒粕を細かくちぎって入れる。塩をふって水を加え、中火にかける。沸騰したら弱火にし、10～15分煮る。器に盛り、シナモンパウダーをふる。

酒粕クラッカー

味わいはチーズクラッカー。
おやつにも、おつまみにも
おすすめのスナックです。

○材料(作りやすい分量)
酒粕……40g
薄力粉……200g
塩……小さじ1
なたね油……大さじ4
水……大さじ4

○作り方
1 ボウルに水以外の材料を入れ、手のひらでこすり合わせるように混ぜ、ポロポロのそぼろ状にする。
2 水を加え、手やヘラで練らないようにさっとまとめる。
3 台に薄力粉（分量外）をふって2の生地をのせ、めん棒で2mm厚さにのばしてから、全体にフォークで空気穴を開ける。1cm幅の棒状に切る。
4 オーブンシートを敷いた天板に並べ、150℃のオーブンで25〜30分焼く。

酒粕ラッシー

酒粕に豆乳を加えると、まるでヨーグルト。
りんごジュースでさわやかに仕上げました。

○材料(2人分)
火入れ酒粕ペースト(作り方p.71)……大さじ2
豆乳……120ml
りんごジュース(果汁100%)
　……80ml強

○作り方
1 材料をすべてフードプロセッサーに入れ、攪拌する。

甘酒の作り方

ちょっと濃いめに作る、2倍濃縮甘酒。味をみて、甘さが足りないようなら、加熱時間をのばします。そのまま飲む場合は、同量の水で薄めて。

○材料（作りやすい分量）

米麹……100g
冷やごはん……300g
熱湯……300㎖

○作り方

1. 炊飯器の内釜にごはんを入れ、熱湯を注いで混ぜ合わせる。

2. 米麹を加える。

3. 全体をムラなく、よく混ぜて、炊飯器にセットする。

4. 内釜にホコリよけのふきんをかぶせて、ふたをせずに保温モードで15～20時間温める。

5. ほんのり色づいて甘みが出たら完成。

●冷蔵で保存する場合

鍋に移してひと煮立ちさせて発酵を止め、1週間保存可。

●冷凍で保存する場合

火入れせずにそのままで1カ月保存可。

塩麹の作り方

米麹と塩と水を合わせて、ときどき混ぜるだけ。ふたをきっちり閉めないこと。気をつけるのは、発酵には空気が必要なので、ぷくぷくした発酵が落ち着いたら、完成です。

○材料（作りやすい分量）

米麹……300g
塩……100g
水……300mℓ

○作り方

1. 清潔な保存容器に材料をすべて入れる。

2. 清潔なスプーンでよく混ぜ合わせる。

3. ホコリよけとして、ふたにペーパータオルを1枚かませて、密閉しないようにふたをのせる。

4. はじめの1週間は1日1回、清潔なスプーンで全体を混ぜる。その後は、ときどき様子を見ながら軽く混ぜる。

5. 10日ほどたったら、でき上がり。寒い時期は常温で、暑い時期は冷蔵庫で保存する。賞味期限はとくになし。

寺田聡美（てらだ・さとみ）

江戸時代から続く、千葉県香取郡神崎町の造り酒屋「寺田本家」23代目の次女として生まれる。「寺田本家」は、無農薬米、無添加、生酛（きもと）造りの独自の自然酒醸造で知られる。マクロビオティックを学び、カフェ勤務などを経て、結婚後は家業を手伝う。醸造元で育ち、発酵を身近に感じてきたからこその発酵レシピが好評。2017年、寺田本家の敷地内に「発酵暮らし研究所＆カフェうふふ」をオープン。2児の母。著書に『麹・甘酒・酒粕の発酵ごはん』（PHP研究所）、『漬け床で絶品おかず』（家の光協会・共著）がある。

●株式会社寺田本家
https://www.teradahonke.co.jp/

寺田本家 発酵カフェの甘酒・塩麹・酒粕ベストレシピ

2019年12月20日　第1刷発行
2024年11月14日　第11刷発行

著者　寺田聡美
発行者　木下春雄
発行所　一般社団法人 家の光協会
〒162-8448
東京都新宿区市谷船河原町11
電話　03-3266-9029（販売）
　　　03-3266-9028（編集）
振替　00150-1-4724
印刷・製本　TOPPANクロレ株式会社

ブックデザイン／川添 藍
撮影／大山裕平
スタイリング／竹内万貴
取材・文／福山雅美
編集／小島朋子
校正／安久都淳子
DTP制作／天龍社

乱丁・落丁本はお取り替えいたします。
定価はカバーに表示してあります。
©Satomi Terada 2019 Printed in Japan
ISBN 978-4-259-56636-4　C0077